Erhalten hat sich lediglich die Glockenstube mit sechs Glocken, welche 1956 neu zusammengestellt wurden, da das Geläut nach Kriegsende nicht mehr vollständig war. Seitdem besteht es aus der Christusglocke, der Marien- und Rochusglocke – die von der Stadt gestiftet wurden – sowie der älteren Michaels- (1669), der Martins- (1485) und der sogenannten Familien- oder Messglocke (1482).

In das Erdgeschoss des Turms ist das Eingangsportal eingelassen, das im spitzbogigen Türgewände eingemeißelt die Jahreszahl 1496 aufweist und in die von einem Netzgewölbe überspannte Vorhalle führt. In den beiden darüber liegenden Turmgeschossen durchbrechen rundbogige Fenster die Wände.

▲ *Blick in das Kirchenschiff zum Chor*

Die großen, spitzbogigen Maßwerkfenster im obersten Geschoss passen sich stilistisch an den gotischen Mauerabschlusskranz darüber an. Der rote Sandstein, aus dem der Abschlusskranz sowie andere Zierelemente am Außenbau gefertigt wurden, bildet einen reizvollen Kontrast zum weißen Anstrich der Kirche.

Dass der Turm beinahe die Breite des angrenzenden Mittelschiffs umfasst, dessen Satteldach bis an das dritte Turmgeschoss heranreicht, verdeutlicht dessen Massivität. An das Mittelschiff schließen, verbunden über Pultdächer nördlich und südlich die beiden Seitenschiffe an, die jeweils im Westen über Eingänge verfügen. In die Nordwand ist zudem das sogenannte Sackenbacher Tor eingelassen. Im Osten schließt der eingezogene Chor mit polygonaler Apsis den Kirchenbau ab. In den Raum zwischen dem nördlichen Seitenschiff und dem Chor fügt sich die Sakristei ein, die ebenfalls einen apsidialen Abschluss aufweist – ein Relikt aus der Zeit, als die Sakristei noch als eigenständige Friedhofskapelle diente.

Im Inneren werden die Schiffe der Pfeilerbasilika von einer flachen Decke aus dunklem Holz überspannt. Lediglich die östlichen, kapellenartigen Abschlüsse der niedrigeren Seitenschiffe, die sich durch spitzbogige Durchlässe von den Seitenschiffen abheben, weisen gotische Netzgewölbe auf. Vier rund-

▸ *Die Pfarrkirche von Nordosten*

bogige Arkadenöffnungen und je zwei spitzbogige zu beiden Seiten verbinden die Schiffe untereinander. Die roten Sandsteinbögen ruhen auf wuchtigen, abgefasten Pfeilern. Erhellt wird der Kirchenraum durch die Spitzbogenfenster in den Seitenschiffen sowie denen in der Obergadenzone.

Das westliche Mittelschiff wird von der Orgelempore dominiert. Im Osten öffnet sich der um zwei Stufen höher gelegene Chorraum, den fünf kunstvoll gestaltete Bleiglasfenster zum hellsten Ort in der Kirche machen.

Geschichte

Bauglieder und Ausstattungsstücke aus verschiedenen Jahrhunderten sind Zeugen der langen Geschichte der Kirche, deren tatsächliches Alter sich aufgrund fehlender schriftlicher Zeugnisse nur erahnen lässt. Erstmals erwähnt wird die Kirche in der Stiftungsurkunde einer Frühmessvikarie aus dem Jahr 1338, während schon seit 1295 Pfarrer in Lohr nachweisbar sind. Die archäologischen Befunde und das einstmalige Martins-Patrozinium lassen jedoch Rückschlüsse auf ein deutlich höheres Alter der Kirche zu, wofür auch spricht, dass Lohr gegen Ende des 13. Jh. schon zu einer größeren Ortschaft angewachsen war. Damals umgab das Gotteshaus noch ein Friedhof mit eigener Befestigung und Kapelle. Daran angrenzend schloss sich – bis zum Bau der heutigen Klosterkirche 1692 – das mehrgeschossige Wohngebäude der Grafen von Rieneck an.

Zwar fehlen bis ins frühe 15. Jh. schriftliche Zeugnisse zur Geschichte des Kirchenbaus, doch hat die Renovierung 1978/79 durch Dipl. Ing. *Alfons Ruf* sowie die damit in Verbindung stehenden Ausgrabungen zahlreiche baugeschichtliche Erkenntnisse zu Tage gefördert. Etwa 30 cm unter dem Fußboden stieß man auf Kalkestrichböden, Mauer- und Fundamentreste, die Rückschlüsse auf Vorgängerbauten zulassen. So verweist der noch vorhandene Lehmestrich, der sich unter zwei Kalkestrichschichten an der Südostecke des heutigen Mittelschiffs befindet, auf einen ersten hölzernen Kirchbau, dem später ein Sandsteinbau folgte, der auf einem etwa 14 m langen und 7,5 m breiten Grundriss aufbaute, an dem die Abtrennung des Altarraums im Osten ablesbar ist. Der Bau wurde wahrscheinlich bis ins 9. Jh. um 11,4 m nach Westen und im 10. bzw. 11. Jh. nach Norden erweitert, so dass die frühromanische Kirche die Breite des heutigen Mittelschiffs erreichte. Der Erweiterungsbau mit eingezogenem rechteckigen Altarraum, der die Breite des heutigen Chors erreichte, aber nicht dessen Länge, und anschließender eingezogener Rundapsis, behielt die ursprüngliche Einschiffigkeit bei. Im 12. Jh. erhielt der Kirchenbau einen Turm, der sich mittig an die Westseite anschloss. Im Osten wurde in dieser Zeit außerdem der Altarbereich um 1,6 m verlängert und mit einem runden, apsidialen Abschluss versehen.

Vermutlich war der Altarraum genauso wie die zeitgleich erbaute, mit einem Tonnengewölbe versehene Fried-

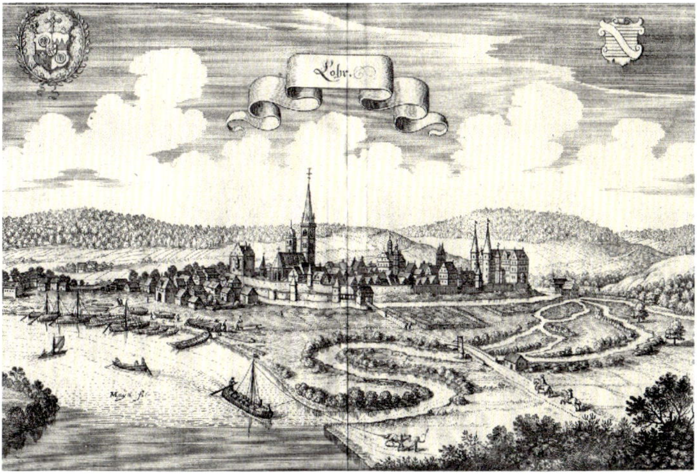

hofskapelle eingewölbt. Die einstmals von Westen durch ein rundbogiges, mittlerweile zugemauertes Sandsteinportal zugängliche frühromanische Kapelle, fügt sich heute als Sakristei im Nordosten an den Kirchenbau an. Die runden Fensterbögen verweisen auf ihren Ursprung im 12. Jh. Eines dieser Fenster wurde im Lauf der Zeit durch die heutige Eingangstür ersetzt, während das Fenster neben der Tür vergrößert wurde.

Der Bevölkerungszuwachs in Lohr machte um 1300 ein größeres Gotteshaus erforderlich, wozu zunächst Baugrund fehlte. Erst mussten Gebäudeteile nördlich des alten Burgareals der Familie Rienecker abgerissen werden, so dass Platz war, die einschiffige Kirche in die heutige dreischiffige Basilika zu verwandeln.

Zwischen 1488 und 1500 erfuhr der Kirchenbau eine Gotisierung. So erhielt die Kirche ihren polygonalen Chor mit den hohen spitzbogigen Maßwerkfenstern, was zur Erhöhung des Gotteshauses führte. In Folge wurden auch größere, spitzbogige Fenster in die Obergadenzone und die Seitenschiffwände eingelassen, was die Jahreszahl 1488 im Gewände des Ostfensters des nördlichen Seitenschiffs bezeugt. Die jeweils ersten östlichen Joche der Seitenschiffe wurden zudem eingewölbt, während die folgenden, trotz der teilweise bereits angelegten Rippenansätze im südlichen und nördlichen Seitenschiff, von einer flachen Holzdecke überspannt

▲ *Lohr, Ansicht in Merians »Topographia Franconiae«, 1648*

blieben. In die Nordwand wurde das sogenannte Sackenbacher Tor ⑯ eingefügt, ein spitzbogiges Portal, das das Wappen der Grafen von Rieneck trägt. Den jeweils vier romanischen Arkadenbögen der inneren Seitenschiffswände wurden gen Westen jeweils zwei spitzbogige angefügt, was wohl mit der Abtragung bzw. mit dem Wiederaufbau des Westturms einherging. Die Jahreszahl 1496, die eingemeißelt im Portalgewände prangt, markiert seinen Baubeginn.

Nach 1500 gab es keine größeren baulichen Veränderungen mehr. Ausnahmen stammen aus der Zeit, als die Kirche evangelisch war. Den Konfessionswechsel hatte Graf Philipp III. von Rieneck eingeleitet, als er fasziniert von Martin Luthers Thesen 1544 Johann Konrad Ulmer aus Schaffhausen als ersten protestantischen Pfarrer in die Stadt holte. Mit dem Tod Graf Philipps III. 1559 starb das Geschlecht der fränkischen Adelsfamilie aus und Lohr wurde als heimgefallenes Lehen des Erzstiftes Mainz durch Kurfürst Daniel Brendel von Homburg eingezogen. Auf den Jesuitenpater Johann Michael, der als Pfarrverweser zur Wiedereinführung des katholischen Gottesdienstes eingesetzt worden war, folgte 1605 Hieronymus Sauer aus Miltenberg als Pfarrer.

Nach dem Ende der Napoleonischen Kriege wurde Lohr 1814 bayerisch und gehörte ab 1820 zum Bistum Würzburg.

In der zweiten Hälfte des 18. Jh. wurden der Chor sowie die Sakristei neu eingewölbt. Bei den Renovierungen der Kirche von 1868/69 und 1889/90 wurde unter anderem das südliche Seitenportal zugemauert und ein Oratorium über der Sakristei eingebaut sowie ein niedriger Dachstuhl eingezogen. Im 19. Jh. vollzog sich möglicherweise auch erst der Wechsel des Patroziniums vom hl. Martin zum hl. Michael.

Bei der Renovierung 1928/29 wurden die zur Reformationszeit eingezogenen Seitenemporen wieder entfernt. Dafür erweiterte man die Westempore. Der Chor erhielt ein Rabitzgewölbe und das Mittel- sowie die Seitenschiffe eine neue Kassettendecke.

In den Jahren 1951, 1963 und 1951–66 folgten weitere Renovierungen, die auch den Außenbau betrafen. Bei der Renovierung 1978/79 erhielt die Kirche nach dem Umbau der Westempore zur reinen Orgelempore, bei der die Chorschranken von 1799 als Brüstung eingezogen wurden, auch eine neue Orgel, für die Bildhauer *Julian Walter* aus Vasbühl den Orgelprospekt schuf. Durch die Tieferlegung des Fußbodens um etwa 30 cm wurden nicht nur die Basen der Pfeiler freigelegt, sondern auch die originalen Maßverhältnisse wiederhergestellt.

Auch die Innenausstattung hat sich im Lauf der Jahrhunderte immer wieder verändert. Das heutige Inventar vereint Ausstattungsstücke aus allen Stilepochen von der Spätgotik bis zur Gegenwart. Die letzte Kirchenrenovierung, die im März 2015 ihren Abschluss fand, wurde in enger Zusammenarbeit von

Pfarrer Sven Johannsen mit Architekt Matthias Ruf durchgeführt, wobei ein neues Innenraumkonzept entstand, das die Kirchenbesucher im Turmbereich empfängt und auf dem Weg bis hin zum Chor begleitet.

In der dunklen Vorhalle befindet sich ein Lesepult ①, das 1964 von *Hermann Amrhein* geschaffen wurde und die vier Evangelisten abbildet. Auf dem Pult ist das Evangelium ausgelegt, das während der Messe nach vorne getragen wird. Sich am Prinzip der Wegkirche orientierend folgt der Besucherweg vorbei am Taufbecken, wo die Aufnahme in die christliche Gemeinschaft vollzogen wird, hin zum Altarbereich, dem Ort der Eucharistiefeier, bis hin zum hellen Chor, dem Allerheiligsten. Der Weg vom Dunkeln ins Licht zeigt den Weg der Christen zu Gott auf.

Neben dem Weg durch das Hauptschiff führen auch zwei Nebenwege durch die Seitenschiffe zum Chor: Der linke hat die Passion Christi zum Thema und im rechten wird die Vollendungsthematik aufgegriffen.

Ausstattung

TAUFBECKEN ②

Seit der Neugestaltung der Kirche 2015 steht das Taufbecken im Zentrum des Mittelschiffs. Es ist eines der wenigen Ausstattungsstück der Kirche aus dem Mittelalter, das die Zeit überdauert hat. Seine oktogonale Basis, die in einen quadratischen, mit Stäben und Kehlen reich verzierten Fuß übergeht, steht auf einer runden Bronzeplinthe. Das massive runde Becken ist mit einem umlaufenden Spitzbogenblendwerk versehen. Unter dem Bogen, der sich heute der Orgelempore zuwendet, ist in das schräg vorkragende rote Sandsteinsims, das das Becken nach unten hin abschließt, die Jahreszahl 1488 eingemeißelt. Zwischen den Bögen findet sich zudem ein Schild mit dem Zeichen des Steinmetzes. Ein massiver Bronzedeckel mit vier Griffen verschließt das Taufbecken.

▲ *Taufbecken im Mittelschiff*

MONDSICHELMADONNA ③

Die Marienstatue hing bis 1797 umgeben von einem Rosenkranz im Altarraum. Bevor sie bei der letzten Umgestaltung ihren Platz im rechten, südlichen Seitenschiff fand, schmückte sie den Wandpfeiler neben dem Hl.-Kreuz-Altar. Die Statue zeigt Maria mit dem Jesuskind auf dem Arm, dem Zepter in der rechten Hand und der Krone auf dem Kopf, was sie als Herrscherin über Himmel und Erde ausweist. Im christlichen Glauben gilt Maria als diejenige, die den Gläubigen nach dem Tod durch ihre Fürbitte vor Gott helfen kann zur Vollendung zu gelangen, zu der der Weg des christlichen Glaubens führt, welcher mit der Taufe beginnt. Wegen dieser inhaltlichen Verbindung stehen die Statue der Mondsichelmadonna und das Taufbecken in einer Nord-Süd-Sichtachse.

KANZEL ④

Am mittleren Pfeiler der südöstlichen Hochschiffwand befindet sich die klassizistische Kanzel. Die Schöpfung des Bildhauers *Georg Schäfer* aus Karlstadt von 1804, die zu den ersten Kirchenausstattungstücken des 19. Jh. zählt, gleicht im Aufbau Barockkanzeln. Nach unten hin schließt eine goldene Girlande die Kanzel ab. Über der bauchigen Wölbung darüber befinden sich Gesimse, auf denen alternierend die goldenen Evangelisten-Symbole – Löwe und Stier – und weiß gefasste Figuren angebracht sind: Der rechte Putto hält eine Schreibfeder und ein Buch in Händen, der linke trägt ein Kreuz und ein Buch. Auch der Adler in der Mitte hält ein Buch. Auf den mit Figuren versehenen Konsolen setzen Pilaster auf, die den runden Kanzelkorpus rhythmisch gliedern. Diesen schmücken sowohl ornamentale als auch figurale Reliefs, die die Geburt Christi und Christus als Sämann darstellen. Die weißen Reliefs mit Goldapplikationen heben sich vom Grau des Stuckmarmors ab, der die Kanzel überzieht. An der Rückwand der Kanzel, die sich am Pfeiler hochzieht, prangt das Jesusmonogramm IHS. Der baldachinartige Schalldeckel, in dessen Innerem sich ein Strahlenkranz mit der Taube als Zeichen des Hl. Geistes zeigt, bekrönt die Kanzel. Den Abschluss auf dem Dach bildet seit 1963 die holzgeschnitzte Figur des hl. Michaels, die ursprünglich zum ehemaligen Hochaltar von 1672 gehörte. Der Erzengel steht auf dem Dämon, den er mit dem Schwert in der rechten Hand niedergestreckt hat. Die Waage in der linken Hand weist ihn als Seelenführer aus.

MARIENALTAR ⑤

Wie schon 1890 der Hochaltar, wurden auch der rechte und linke Seitenaltar 1905 nach Entwürfen des Lohrer Bildhauers *Franz Wilhelm Driesler* geschaffen. Die Schreinerarbeiten leistete Schreinermeister *Josef Fleckenstein* aus Lohr.

▸ ***Kanzel mit der Figur des hl. Michael am Pfeiler zum südlichen Seitenschiff***

Der linke Marienaltar und der rechte Josefsaltar ähneln sich im Aufbau. Die rot gefassten Altarunterbauten weisen florale Schnitzereien auf. Im zentral platzierten, vergoldeten Vierpass ist im Marienaltar das Monogramm IHS zu erkennen sowie im Antependium des Josefsaltars dessen Begleitmotiv – das A und Ω zusammen mit einem Kreuz. Die Predellen sind genau wie die Altarinnenseiten mit Reliefs versehen. Die äußeren Flügel weisen Gemälde auf, die nur bei geschlossenem Zustand des Altars in der Advents- und Fastenzeit zu sehen sind. Abgeschlossen werden die beiden Altäre mit Figurengruppen unter einem gotischen Gesprenge.

Der Marienaltar hat sich der Darstellung der Geheimnisse des Freudenreichen Rosenkranzes verschrieben. Die Figuren der inneren Reliefs sind – wie beim Josefsaltar – vor blauem Hintergrund unter goldenen neogotischen Baldachinen dargestellt. Im rechten Innenflügel befinden sich aufgeteilt in zwei Register die Szenen der Verkündigung und der Heimsuchung sowie im linken Szenen von der Darbringung im Tempel und dem Jesusknaben im Tempel, während das große Mittelrelief die Weihnachtsszene darstellt. Als Skulpturengruppe findet sich ein Abbild

◀ *Marienaltar*

▶ *Detail des Marienaltars bei geschlossenen Flügeln: Maria erscheint dem hl. Dominikus*

Sanct Joachim
Sanct Anna

der Hl. Familie – umgeben von zwei Engeln – in der Altarbekrönung wieder. Bei geschlossenen Flügeln ist das Altarbild »Maria erscheint dem hl. Dominikus« zu sehen, das von den beiden Heiligenfiguren Joachim und Anna flankiert wird. Unter dem Mittelrelief beziehungsweise unter dem Gemälde befindet sich in der Predella das Relief vom Tod Mariens.

JOSEFSALTAR ⑥

Der rechte Seitenaltar ist dem hl. Josef geweiht. Der Mittelteil im Inneren stellt entsprechend die Vermählung Josefs mit Maria vor dem Hohepriester dar, und die beiden Außenflügel zeigen Szenen der Flucht nach Ägypten, während in der Predella die Sterbeszene Josefs zu sehen ist. Die Flügelaußenseiten – begleitet von Skulpturen des hl. Valentin und des hl. Aloysius – stellen vor dem Hintergrund der Stadt Lohr die Vierzehn Nothelfer dar. Die Darstellung nimmt Bezug auf den ehemaligen Nothelferaltar von 1714. Über dem Retabel befindet sich, eingefasst in eine Art Baldachinarchitektur, die Figur Christi als Erlöser flankiert von zwei Seraphim.

◀ *Detail des Marienaltars: Weihnachtsszene*

▶ *Josefsaltar*

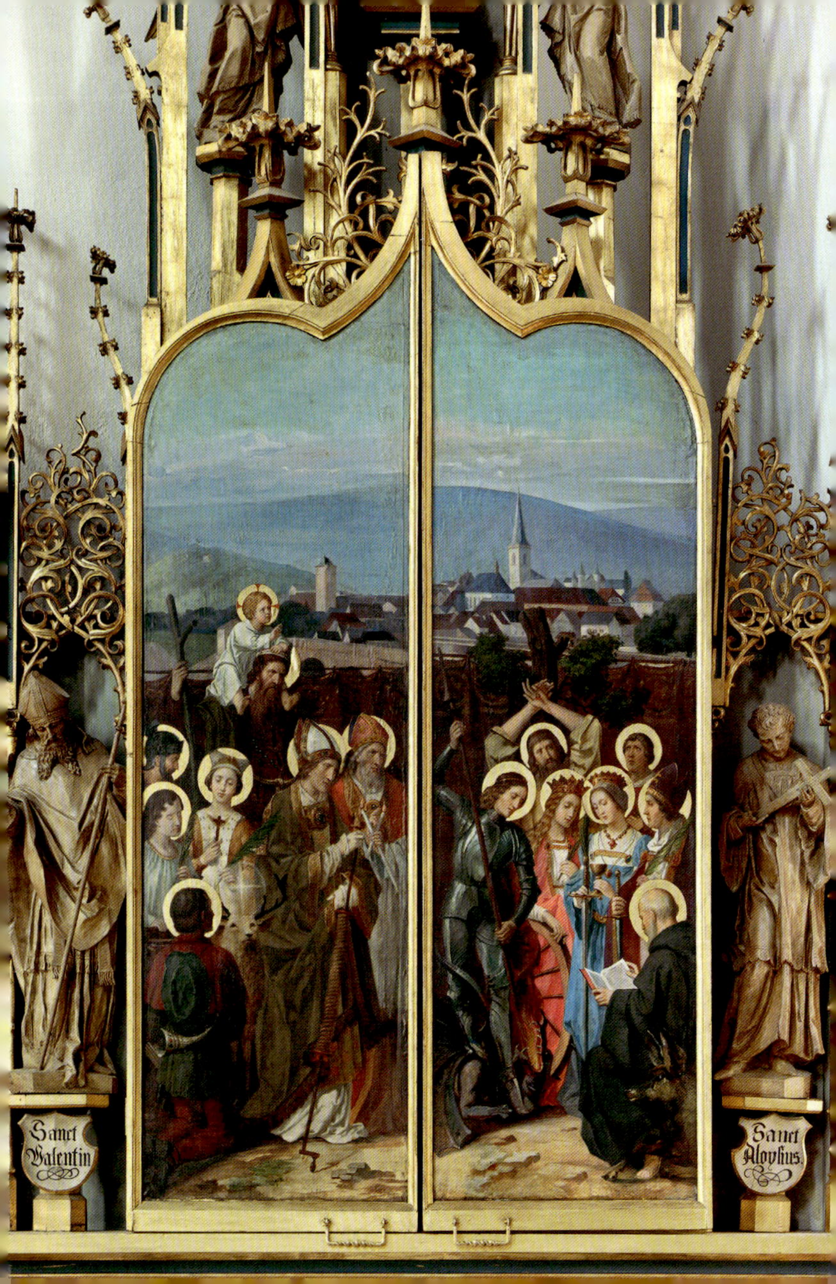
Sanct Valentin
Sanct Aloysius

CHOR

Die beiden Seitenaltäre rahmen Zelebrationsaltar, Ambo und Priestersitz und markieren damit den Eingang zum Altarraum, in dem sich zahlreiche weitere Kunstwerke befinden: der Hochaltar, Epitaphe der Grafen von Rieneck, die kunstvollen Bleiglasfenster sowie das frühbarocke Chorgestühl von *Valentin Maher* aus Lohr. Die Sakramentnische aus dem 15. Jh., die in der Chornordwand eingelassen ist, fällt vergleichsweise schlicht aus. Zwischen ihr und dem heutigen Tabernakel hängt der silberne, partiell vergoldete Ewige-Licht-Leuchter vom Gewölbe herab, der im Stil des Rokokos gestaltet ist.

KREUZ ⑦

Vom Scheitel des Chorbogens hängt das überlebensgroße Kruzifix herab. Weil es um 1550 entstanden ist, zählt es zusammen mit dem Taufstein zu den ältesten Ausstattungsstücken der Kirche.

ZELEBRATIONSALTAR ⑦

Unter dem Kreuz steht seit Anfang 2015 der neue Zelebrationsaltar sowie der passende Ambo und Priestersitz, die im Atelier *Arnold + Eichler* entstanden sind. Die zeitgenössische Interpretation eines Altartischs von *Klaus-Dieter Eichler* und *Hannes Arnold* aus Nürnberg ist aus matter Bronze gefertigt. Der Kubus ist hohl, sodass man von rechts und links Einblick in sein Inneres hat. Im Kontrast zum dunklen Äußeren erstrahlen die

◀ *Detail des Josefaltars bei geschlossenen Flügeln: Vierzehn Nothelfer*

▼ *Ambo, Zelebrationsaltar und Priestersitz*

INRI

Innenwände, deren Oberflächen die Struktur von Weinblättern aufweisen, in hellem Gold. Im Boden ist ein pyramidaler Bergkristall eingelassen, der den Ort des sich darunter befindenden Reliquiengrabs des hl. Martin, der hl. Barbara und des sel. Liborius Wagner markiert.

Die Verwendung von Bronze, einem Material, das seit 4000 v. Chr. bekannt ist, erinnert als bedeutende Kulturleistung an technische und künstlerische Fertigkeiten der Menschen. Das Gold im Inneren verweist auf das Transzendente, das jenseitig Göttliche. Die Würfelform und das strahlende Gold im Inneren sind Verweise auf das Himmlische Jerusalem, wie es in der Johannes-Offenbarung beschrieben wird – ein Abbild des Himmels in der irdischen Welt.

HOCHALTAR ⑧

Noch vor den beiden Seitenaltären entwarf Franz Wilhelm Driesler 1890 den neogotischen Hochaltar, für den Josef Fleckenstein die Schreinerarbeiten ausführte. Dem Altar, der erhöht im Chor steht, sind die Themenkomplexe »Sündenfall« und »Erlösung« zu eigen. Der Unterbau, der durch seinen Anstrich den in der Kirche verbauten roten Sandstein nachahmt, fasst die steingrau gehaltenen Holzreliefs, welche alttestamentarische Szenen zeigen: das »Opfer des Melchisedechs«, die »Opferung Isaaks« sowie die »Eherne Schlange«. Die Predella nimmt Darstellungen der vier Evangelisten auf. Darüber befinden sich im geöffneten Zustand des Wandelaltars vier Holzreliefs, die die Geheimnisse des Schmerzhaften Rosenkranzes verbildlichen: »Christus auf dem Ölberg«, die »Geißelung«, die »Dornenkrönung« und die »Kreuztragung«. Wie bei den Seitenaltären hebt sich das Dargestellte, umgeben von gotisierenden Scheinarchitekturen, hell vom blauen Hintergrund ab. Die mittig über dem goldenen Tabernakel und den anderen Retabelreliefs angebrachte Kreuzigungsgruppe, die von einem neogotischen Gehäuse umschlossen wird, stellt das letzte Geheimnis des Schmerzhaften Rosenkranzes dar und schließt den Altar somit szenisch ab. Das Relief bleibt wie der Tabernakel selbst bei geschlossenem Zustand des Altars sichtbar, da sich nur die beiden äußeren Flügel zuklappen lassen. Auf ihren Rückseiten befinden sich die Gemälde »Vertreibung aus dem Paradies« und »Kampf des hl. Michael mit dem Drachen«. Diese treten bei zugeklappten Flügeln genauso wie die sich sonst dahinter befindenden Standfiguren des hl. Petrus und des hl. Paulus erkennbar zu Tage.

Das Gesprenge über dem Altar bildet seinen krönenden Abschluss. Während es über dem Mittelteil in einer einfachen Fiale endet, bildet es über den

◀ *Christuskreuz*

▶ *Detail des Hochaltars (Rückseite des linken Altarflügels): Vertreibung aus dem Paradies*

▼ *Innenseiten des Hochaltars im geöffneten Zustand*

beiden inneren Passionsreliefs neben Fialen auch Konsolen mit Engelsdarstellungen aus.

GLASGEMÄLDE IM CHOR ⑨

Die fünf Chorfenster bzw. deren Glasgemälde wurden von der königlichen Hofglasmalerei *Franz Xaver Zettler* von 1899 bis 1904 geschaffen. Sie greifen wiederum das Thema des Glorreichen Rosenkranzes auf und stellen von links nach rechts die »Herabkunft des Hl. Geistes«, die »Aufnahme Mariens in den Himmel«, die »Krönung Mariens« und schließlich die »Auferstehung« sowie die »Himmelfahrt Christi« dar.

EPITAPHE ⑧ + ⑩

Das fränkische Adelsgeschlecht der Grafen von Rieneck lenkte bis ins 16. Jh. die Geschicke Lohrs, und als Patronatsherren nahmen ihre Mitglieder maßgeblich Einfluss auf die Kirche, die ihnen ab Anfang des 15. Jh. als Grablege diente. Davon zeugen noch heute die zahlreichen Grabdenkmaler, die sich in und an der Kirche befinden. Die Epitaphe im Chor gehören wohl zu den interessantesten im fränkischen Raum. Die meisten von ihnen bilden die Verstorbenen als Ganzkörperfigur frontal ab, begleitet von

◀ *Detail des Hochaltars (Rückseite des rechten Altarflügels): hl. Michael*

◀ *Gesamtansicht: Chor und Hochaltar*

▶ *Pfingstfenster: Herabkunft des Hl. Geistes*

ihren jeweiligen Familien- und Ahnenwappen.

Das 2 m hohe Epitaph des Grafen Ludwig IV. von Rieneck (1365–1408) aus grauem Sandstein befindet sich ganz links an der Chornordwand. Er steht auf einem Löwen, dem Zeichen der Tapferkeit, und trägt seine volle Rüstung. Die originale Lanze ging verloren und wurde 1978 ersetzt. Zugeschrieben wird die Arbeit, genauso wie das Epitaph der Elisabeth von Rieneck, dem sogenannten *Schwarzburg-Meister*, dessen Name darauf zurückgeht, dass er zuvor das Grabdenkmal für Bischof Gerhard von Schwarzburg († 1400) im Dom zu Würzburg gefertigt hatte.

Das 1,80 m hohe, ebenfalls aus grauem Sandstein gearbeitete Grabdenkmal Elisabeth von Rienecks, einer geborenen von Castell († 1419), fügt sich stilistisch in die Reihe der typischen fränkischen Frauengrabsteine ein.

Die folgende 2,75 m hohe Inschrifttafel erinnert an den letzten Grafen aus dem Geschlecht der Rienecker in Lohr. Die graue Sandsteinplatte für Philipp III. von Rieneck († 1559) wurde von *Peter Dell d. J.* gefertigt.

Das nächste 1,30 m hohe Frauenepitaph aus rotem Sandstein zeigt Margaretha von Rieneck, geb. von Eppstein und Königstein († 1463). Gestalterisch folgt sie der vorangegangenen Frauengrabmalplatte.

Die anschließende schwarze Inschrifttafel dient als Gedenkstein für Margarethe, geb. Gräfin von Erbach († 1574), der Witwe Philipps III. Im Ver-

gleich mit den anderen Grabplatten fällt diese durch ihre besondere Schlichtheit auf.

Rechts neben dem Altar setzt sich die Reihe mit dem Epitaph des Grafen Johannes von Rieneck (1363–1401) fort, der Mainzer Domkustos und Lohrer Pfarrer war. Er trägt Chorkleidung und hält die Hände gefaltet. Der Hund zu seinen Füßen steht für die Treue zu Gott und Kirche. Im Gegensatz zu den anderen Epitaphen handelt es sich bei der 2,80 m hohen Platte um eine Tumba, die zur Auflage auf einem freistehenden Sarkophag gedacht war.

Das Grabmal Thomas' II. von Rieneck (1386–1431), dem Mann von Gräfin Elisabeth, überzeugt vor allem durch seine plastische Darstellung. Die Figur, die mit Lanze und Schwert ausgestattet ist und ebenfalls auf einem Löwen steht, hebt sich beinahe vollrund vom Hintergrund ab. Bei dem Schöpfer dieser Grabplatte handelt es sich wahrscheinlich um den *Meister des Bickenbachgrabmals*, einen Schüler des Schwarzburg-Meisters. Die rote Sandsteinplatte misst 2,80 m in der Höhe.

Die beiden rechten Epitaphe erinnern an Graf Reinhart von Rieneck (1497–1518) und seine Gattin Agnes von Rieneck († 1519). Sie zeigen das Ende der gotischen Plastik an und die Hinwendung zu personalisierten Darstellungsweisen. So lässt sich an Reinharts

◀ *Grabmäler von Ludwig IV. von Rieneck und Elisabeth von Rieneck*

Grabplatte der Übergang von der Gotik zur Renaissance ablesen. In Maximiliansrüstung steht auch er auf einem Löwen. Er führt ein Schwert sowie einen (beschädigten) Waffenhammer mit sich. Die graue Sandsteinplatte ist 2,50 m hoch.

Dass auch das Abbild seiner Gattin Agnes auf dem 2,40 m hohen Sandsteinepitaph auf einem Löwen zum Stehen kommt, ist ungewöhnlich, da diese Auszeichnung Frauen ihrer Zeit eigentlich nicht zukam. Vermutlich wurde daher eine Plinthe eingezogen, die den unmittelbaren Kontakt zum Tier verhindert. Möglicherweise wurde der Löwe auch nur aus Symmetriegründen in Bezug auf die Grabplatte ihres Manns eingefügt. Die Gräfin trägt eine Tuchhaube. Das Kinn verbirgt sich hinter einem steifen Tuchstreifen. Durch das Vorschieben des linken Knies entsteht zum einen der Eindruck von Bewegung, zum anderen erhält die Figur einen festeren Stand. In den gefalteten Händen hält sie einen Rosenkranz. Ihr Antlitz, das dem Hochaltar zugewandt ist, weist aristokratische Züge auf.

Neben diesen Grabplatten befindet sich über dem südlichen Chorgestühl noch das Alabasterepitaph des zehn Wochen alten Jungen Georg Friedrich von Kerpen († 1629) und am linken Chorbogen eines für Eva Regina Barth († 1738), der Frau des kurmainzischen Amtskellers Johann Jacob Barth in Lohr.

◀ *Grabmal von Johannes von Rieneck*

In der ehemaligen Taufkapelle im südlichen, rechten Seitenschiff prangt neben der Gedächtnistafel für die Gefallenen des Ersten Weltkriegs, die 1928 von *Franz Wunderlich* aus München gestaltete wurde und mit einer Pietà-Malerei von *Oskar Martin-Amorbach* versehen wurde, die 4 m hohe Grabtafel Johann Kolers an der Wand. Der Aufbau der roten Sandsteinplatte ist ädikulaartig und erinnert somit an den Wandaufbau eines Tempels. Unter der Ädikula befindet sich eine Tafel mit der Inschrift: »Anno 1635 den 20. Octobris ist in Gott Seeliglichen entschlafen der Ehrenhafft und vorneme Her Johann Koler des Raths alhier zu Lohr Welcher Gott zu Ehren seiner seinem Weib Kinder seelen zu trost die Epitaphium gestifft vnd vffrichtigen lassen deren Seelen Gott gnade amen.« Das zentrale Relief, das die Grablegung Jesu verbildlicht, wird beidseitig von Säulen umstellt, neben denen Figuren des hl. Johannes (links) und der hl. Barbara (rechts) auf Konsolen stehen. Die Auferstehung Christi ist im Relief des Aufsatzes dargestellt, das von Putti umgeben ist. Zwei liegen auf den flankierenden Volutengiebeln und ein weiterer Putto bildet die Bekrönung.

Neben dem Grabmal für Johann Koler sind im südlichen Seitenschiff ferner Grabplatten angebracht für Elisabeth von Lauter, geb. von Ussigheim († 1543), für Philipp von Dienheim († 1572),

▸ *Grabmal von Thomas II. von Rieneck*

Mainzischer Rat und Oberamtmann von Lohr, und für Christian Philipp Johann Alexander von Löwenstein-Wertheim, Fürst von Chassepierre, Graf zu Rochefort und Montaigne (1719–1781).

In der Turmvorhalle ist das Epitaph des Malteserritters Johann Walter von Kerpen († 1627) anzutreffen sowie das von Margaretha Magdalena Wentzel, geb. Wolzin († 1620).

Weitere Grabdenkmäler befinden sich im Außenbereich an der Nordwand. Von West nach Ost angebracht sind Epitaphe für Apollonia Voit von Rieneck, geb. von Thüngen († 1595), Philipp Truchsess von Rieneck († 1497), Eckhart Swob († 1446) und Konrad Sperling († 1606) sowie für den Nachtwächter Stephan Ulrich († 1720).

Das Kreuz im Außenbereich erinnert daran, dass sich an dieser Stelle einst der Friedhof befunden hat.

KREUZWEG ⑪

Im nördlichen, linken Seitenschiff befinden sich zehn Holzrelieftafeln, die 1914/16 von *Heinz Schiestl* aus Würzburg geschaffen wurden.

HL.-KREUZ-ALTAR ⑫

Von der Ausstattung aus dem 18. Jh. hat sich der im Ostjoch des nördlichen Seitenschiffs aufgestellte Hl.-Kreuz-Altar erhalten. Im Jahr 1890 wurde das Altarbild weggegeben und kam erst 1951 wieder an seinen angestammten Platz. Der vom Karlstädter Bildhauer *Anton Herwith* 1756 geschaffene Altar präsentiert sich im feinsten Rokoko. Über einer Mensa aus Stuckmarmor, verziert mit Goldapplikationen, erhebt sich der mit reichem Schnitzwerk ausgestattete Altaraufbau, dessen farbige Fassungen von *Michael Seitz* aus Lohr stammen. Rocaillen umrahmen das Altargemälde, das von zwei Engeln flankiert wird, die auf nach oben strebenden Voluten zu beiden Seiten des Altars knien. Die in Weiß und Gold gehaltenen Engel führen die Leidenswerkzeuge – Kreuz und Schwamm – mit sich. Die Baldachinbekrönung des Altars, in der sich das Lamm Gottes zeigt, wird abermals von zwei Putten begleitet. Das Altarblatt, das dem Altar seinen Namen gibt, zeigt den Gekreuzigten. Unter dem Kreuz haben sich Maria, Johannes und Maria Magdalena versammelt.

◀ *Epitaph des Johann Koler*

GLASGEMÄLDE ⑬

Neben dem Hl.-Kreuz-Altar durchbricht ein großes buntes Bleiglasfenster die Nordwand, das 1904 von der Werkstatt *Franz Xaver Zettler* gestaltet wurde. Es zeigt die Vision der Heiligen Margareta von Alacoque, in der ihr Christus erscheint. Die Nonne und Mystikerin, der Jesus mehrfach erschienen ist, trug wesentlich zur Herz-Jesu-Verehrung bei.

BRONZEPLASTIK »OFFENBARUNG« ⑭

Die Bronzeplastik »Offenbarung« von *Roland Schaller* zählt zu den neuesten Ausstattungsstücken der Kirche. Im

Jahr 2015 wurde sie bei der Renovierung der Kirche im Eingangsbereich des südlichen Seitenschiffs angebracht. Sich mit der Definition »Offenbarung ist das göttliche Licht, das aus dem Inneren leuchtet« auseinandersetzend, hat der Lohrer Künstler den menschlichen Körper abstrahiert und derart zergliedert,

▲ *Kreuzweg-Szene: Begegnung Jesu mit seiner Mutter*

▶ *Hl.-Kreuz-Altar*

damit er sich dem Raum öffnet. Lediglich ein grobes Gespinst aus Bronzefäden hält den Korpus und seine Extremitäten zusammen und gewährt so Einblick in das Innere der menschlichen Figur. Die Bodenstrahler vor der Plastik lassen die Bronzefigur golden aufleuchten. Als gestalterisches Moment sind die Spots so platziert, dass sich die Figur beim Anstrahlen durch Schattenwurf verdreifacht, was aufzeigen soll, dass sich die Offenbarung über den Einzelnen hinaus verbreitet. Sofort lässt die Verdreifachung der Figur aber auch an die Trinität Gottes denken.

ORGELEMPORE ⑮

Aus einer Kirchenrechnung von 1585 geht hervor, dass es spätestens seit dem 16. Jh. eine Orgel in der Kirche gab – damals noch ein kleines mobiles Gerät, das bis heute mehrfach durch größere, fest installierte Instrumente ausgetauscht wurde. Nachdem die letzte Orgel 1976 ausgedient hatte, fand 1980 die Weihe des heutigen Instruments statt.

Die Orgel mit mechanischer Traktur sowie 40 Registern, verteilt auf drei Manuale und Pedale, hat *Hubert Sandtner* aus Dillingen a. d. Donau zusammen mit *Julian Walter* aus Vasbühl bei Schweinfurt geschaffen. Letzterer steuerte das Schnitzwerk am Gehäuse bei. Bei der Ausformung des Orgelprospekts orientierte man sich an der 1799 von *Georg Schäfer* geschnitzten Kommunionbank, die seit 1979 als Emporenbrüstung dient.

WEITERE HEILIGENFIGUREN

In der Turmvorhalle sind Holzskulpturen des hl. Sebastian und des hl. Rochus aufgestellt. Die Skulpturen der beiden Pestheiligen standen vermutlich auf dem Hochaltar von 1672. In späteren Zeiten nutzte man sie als Prozessionsfiguren.

Am Pfeiler gegenüber dem Beichtstuhl im nördlichen Seitenschiff ist die Figur des hl. Antonius von Padua angebracht, eine ursprüngliche Prozessionsfigur aus dem 18. Jh.

Außerdem befindet sich im linken Seitenschiff und vor dem Joch mit dem Hl.-Kreuz-Altar die Skulptur der Schmerzensreichen Madonna aus dem 17. Jh.

Im rechten Seitenschiff sind ferner neben der Mondsichelmadonna die Figuren des hl. Nikolaus und des hl. Martin aufgestellt.

Die Holzfigur des hl. Josef an der Südwand ist eine Schöpfung des Bildhauers *Martin Lossa* aus Wuppertal-Barmen (1950).

Am Pfeiler rechts neben dem Josefsaltar ist außerdem die Holzskulptur von *Fidelis Bentele* aus Oberstaufen anzutreffen, der 1960 das Herz-Jesu-Thema neu interpretierte.

◀ *»Offenbarung« von Roland Schaller, 2015*

Die Lohrer Karfreitagsprozession

Bis heute findet in Lohr die Karfreitagsprozession statt, bei der 13 lebensgroße Prozessionsfiguren den Passionsweg Christi beschreiben. Die Figuren werden von den Angehörigen der verschiedenen Handwerkszünfte getragen. Der Ursprung der Prozession ist wohl in der Zeit nach dem Dreißigjährigen Krieg zu finden. Vor dem Hintergrund der Gegenreformation begründeten vermutlich die seit Anfang des 17. Jh. in Lohr ansässigen Kapuziner diese Bilderprozession, deren ältester Nachweis von 1656 stammt. Nachdem viele dieser Prozessionen im Zuge der Aufklärung ihr Ende fanden, ist sie heute dank des Einsatzes der Zunftmitglieder in Lohr und von Pfarrer Josef Schmitt im Jahr 1817 die älteste noch stattfindende ihrer Art in Deutschland. Seit den 1950er Jahren erfolgt die Karfreitagsprozession auf Wirken des Stadtpfarrers Dekan Karl Haller schweigend. Anstelle von Liedern und Gebeten begleiten den Zug Trauermärsche und Passionschoräle, gespielt von den beiden teilnehmenden Kapellen. Die am Vormittag stattfindende Prozession beginnt und endet am Kirchplatz und weist eine strenge Prozessionsordnung auf: Gefolgt von der Lohrer Stadtkapelle marschieren die Ministranten mit Kreuz und dunklen Fahnen vorweg. Es folgen Schild- und Zunftstangenträger sowie im Anschluss die Prozessionsfigurenträger. Unter dem Jahr werden die Prozessionsfiguren in der Kapuzinerkirche aufbewahrt.

Würdigung

Durch die letzte Umgestaltung der Pfarrkirche St. Michael in Lohr bis März 2015 gelingt es der Kirche gekonnt ihre Geschichte mit dem Zeitgeist zu verbinden. So treffen im Kirchenraum die Grabmäler der Grafen von Rieneck aus dem 15. bzw. 16. Jh., die mit zu den bedeutendsten ihrer Art in Franken zählen, auf zeitgenössische Kunstwerke wie die »Offenbarungs«-Plastik Roland Schallers oder das moderne Ensemble aus Ambo, Mensa und Priestersitz im Altarbereich. Dabei fügen sich die modernen Elemente harmonisch in das historische Gesamtbild, eröffnen aber gleichzeitig durch zeitgemäße Interpretationen bekannter Inhalte und Darstellungsweisen neue Perspektiven, die den Weg der Kirche ins 21. Jahrhundert aufzeigen.

◄ *Blick in das Kirchenschiff nach Westen zur Orgelempore*

Zeittafel

Vor 800 Erster Kirchenbau aus Holz wird durch Sandsteinbau ersetzt.

Bis ins 9. Jh. Erweiterung des Kapellenbaus.

10./11. Jh. Nochmalige Erweiterung des frühromanischen Kirchenbaus.

12. Jh. Turmbau im Westen. Verlängerung des Altarbereichs und Anbau einer runden Apsis. Bau der frühromanischen Friedhofskapelle.

Um 1300 Ausbau zur dreischiffigen Basilika.

1338 Erste Erwähnung der Kirche in der Stiftungsurkunde einer Frühmessvikarie.

ca. 1488–1500 Gotisierung des Kirchenbaus; u.a. Anbau eines polygonalen Chors und Erhöhung des Gotteshauses Abtragung bzw. Wiederaufbau des Westturms.

ab 1543 Pfarrkirche wird protestantisch.

1559 Lohr geht nach dem Tod Philipps III. von Rieneck in den Besitz des Kurfürstentums Mainz über.

1596 Einbau von Seitenemporen, die später mit Historienbilder von Erasmus Schraum aus Karlstadt versehen wurden.

1603 Kurfürst Johann Adam von Bicken (1601–1604) läutet die Gegenreformation in Lohr ein.

17. Jh. Entstehung der Marienfigur, des »Rosenkranz Maria bilts«, der Figuren des hl. Nikolaus und der Schmerzhaften Muttergottes.

1605 Aufstellung des neuen Hochaltars, der 1627 von Erasmus Schraum gefasst und durch Schreiner Peter Stenger mit dem kurfürstlichen Wappen versehen wurde.

1627 Aufstellung des Tabernakels von Philipp Oberlein aus Wertheim.

1630 Entstehung des Bildnisses des hl. Martin von Bildhauer Zacharias Juncker aus Miltenberg.

1671/72 Aufstellung des Hochaltars durch Bildhauer Lenhart Caspar aus Karlstadt mit der Figur des hl. Michaels (heutiger Standort auf der Kanzel) und den Figuren des hl. Rochus und hl. Sebastian (heutiger Standort in der Vorhalle). Das Altarblatt malte Sebastian Vogt aus Karlstadt.

1672 Aufstellung des Johannesaltars von Bildhauer Lenhart Caspar. Entstehung der Heiligenfiguren, die vom Karlstädter Maler Sebastian Vogt gefasst und bemalt wurden.

1710 Einsetzung neuer Maßwerkfenster im Chor.

1711/12 Aufstellung des Kirchengestühls von Schnitzer Joseph von Denebroch. Im Lauf des 18. Jh. entstehen weitere Heiligenfiguren.

1713 Einbau der steinernen Kommunionbank, deren Reste sich heute in der Kapuzinerkirche befinden.

1714 Aufstellung des Nothelferaltars als mutmaßlich rechter Seitenaltar.

1796 Abbruch des Hochaltars, der durch einen klassizistischen Aufbau von Schreinermeister Geißler aus Aschaffenburg ersetzt wurde. Figuren und sonstige Schnitzarbeiten stammen vom Bildhauer Georg Schäfer aus Karlstadt. Entfernung des Nothelferaltars.

1798 Aufstellung zweier Seitenaltäre von Georg Schäfer.

1799 Einbau der Kommunionbank von Georg Schäfer.

1804 Einbau der Kanzel von Georg Schäfer.

1814 Lohr wird bayerisch und gehört fortan zum Bistum Würzburg.

2. H. 18. Jh. Neueinwölbung von Chor und Sakristei.

1868/69 und 1889/90 Kirchenrenovierungen. Einbau eines Oratoriums über der Sakristei. Zumauerung des Südportals. Einzug eines niedrigen Dachstuhls.

1890 Hochaltar wird durch einen neuen im neogotischen Stil ausgetauscht.

1903 Ausbau der klassizistischen Seitenaltärc.

1905 Aufstellung neugotischer Seitenaltäre.

1928/29 Kirchenrenovierung. Entfernung der Seitenemporen aus der Reformationszeit, stattdessen Anbringung von sechs Fresken durch Maler Oskar Martin-Amorbach aus Würzburg an den Hochwänden des Mittelschiffs, die Erlösungstaten Christi darstellen (wurden bei der Renovierung der Kirche 1963 übertüncht). Erweiterung der Westempore. Der Chor erhält ein Rabitzgewölbe und das Mittel- und die Seitenschiffe eine neue, neoromanische Kassettendecke.

1951, 1963 und 1951–1966 Weitere Renovierungsmaßnahmen.

1978/79 Kirchenrenovierung. Umbau der Westempore zur Orgelempore und Einsatz der Kommunionsbank als Brüstung. Aufstellung der neuen Orgel, bei der Bildhauer Julian Walter aus Vasbühl den Orgelprospekt schuf. Tieferlegung des Fußbodens um etwa 30 cm zur Wiederherstellung der ursprünglichen Maßverhältnisse.

2015 Letzte Kirchenrenovierung durch die Ruf Ingenieure GbR.

Vordere Umschlagseite: Ansicht der Kirche von Südwesten

Rückwärtige Umschlagseite: Hl. Michael auf der Kanzelbekrönung

Fotos: Peter Eberts, Bamberg; S. 17 Ambo, Zelebrationsaltar und Priestersitz von Klaus-Dieter Eichler und Hannes Arnold, Nürnberg © VG Bild-Kunst, Bonn 2016

Text: Dr. Adina Christine Rösch

Unsere »Kleinen Kunstführer« durch Kirchen, Schlösser und Sammlungen im europäischen Kulturraum können beim Verlag abonniert werden. Die Reihe wurde begründet von Dr. Hugo Schnell † und Dr. Johannes Steiner †.

Schnell, Kunstführer Nr. 1078

6. Auflage 2016

Leibnizstraße 13
D-93055 Regensburg
Telefon: 09 41-787 85-0
Telefax: 09 41-787 85-16

Gesamtherstellung Schnell & Steiner GmbH Regensburg

ISBN 978-3-7954-4010-7

Weitere Informationen zum Verlagsprogramm erhalten Sie unter: www.schnell-und-steiner.de

Literatur

Karl Anderlohr: Die Lohrer Karfreitagsprozession, Lohr a. Main 2002. – Joachim Korbacher: Die Geschichte der Orgeln in St. Michael zu Lohr am Main, in: Acta organologica 12 (1978), S. 48–80. – Hanswernfried Muth: Lohr am Main St. Michael (Kunstführer 1078), 5. Aufl., Regensburg 2005. – Alfons Ruf: Die Pfarrkirche St. Michael in Lohr und ihre Baugeschichte. Mit den Ergebnissen der Grabung von 1978 und deren Auswertung für die Geschichte der Kirche und der Stadt Lohr a. Main, Lohr a. Main 1983. – Manfred Schneider: Karfreitag in Lohr. Relikt uralter Volksfrömmigkeit, in: In Kreuzwertheim durch das Jahr (JB) (2000/2001), S. 58–64. – Friedrich Stein. Geschichte der Stadt Lohr am Main von der ältesten Zeit bis zum Übergange an die Krone Bayerns. Unveränd. Nachdruck der Ausg. von 1898. – Hans-Joachim Wirtmann: Die Glocken von St. Michael in Lohr, in: Beiträge zu Geschichte der Stadt Lohr 3 (2014), S. 289–310. – Waldemar Weigand: Grabdenkmäler und Grabinschriften der Grafen von Rieneck (= Schriften des Geschichtsvereins Lohr a. Main). Lohr a. Main 1968.

Herzlich gedankt sei Pfarrer Sven Johannsen für die vielen hilfreichen Informationen und die Überlassung seines Kirchenführungs-Manuskripts.

---

① Ambo
② Taufbecken
③ Mondsichelmadonna
④ Kanzel
⑤ Marienaltar
⑥ Josefsaltar
⑦ Zelebrationsaltar & Kreuz
⑧ Hochaltar & Epitaphe der Grafen von Rieneck
⑨ Glasgemälde im Chor
⑩ Epitaph des Johann Koler
⑪ Kreuzwegstationen
⑫ Hl.-Kreuz-Altar
⑬ Glasgemälde
⑭ Bronzeplastik »Offenbarung«
⑮ Orgel
⑯ Sackenbacher Tor
⑰ Sakristei